I0821192

Cuidemos el ambiente con Sesame Street

¡A LA BASURA LA BASURA, ELMO Y ABBY!

Mary Lindeen

ediciones Lerner ◆ Mineápolis

Cooperar y compartir son una parte importante de *Sesame Street*, y del cuidado de nuestro planeta. Todos compartimos la Tierra, entonces depende de nosotros cuidarla juntos. Los libros *Cuidemos el ambiente con Sesame Street®* cubren todo, desde apreciar la belleza de la Tierra hasta conservar sus recursos, ayudar a mantenerla limpia y más. Y los conocidos amigos peludos de *Sesame Street* ofrecen a los pequeños lectores algunas formas sencillas de proteger el planeta.

Saludos,

Los editores de Sesame Workshop

El texto de este libro se imprime en papel compuesto en un 30 % de papel fabricado a partir de fibras recicladas después del consumo.

Contenido

Nuestra Tierra hermosa

¡Podemos poner la basura donde va, Elmo!

Montones de residuos

Algunos lugares de la Tierra están limpios, pero algunos lugares tienen residuos. La Tierra no se ve hermosa con residuos.

¡Oh, no! Ese lío *no* es mágico.

Los residuos son la basura que se deja en los lugares en los que no va. Latas, botellas y comida pueden ser residuos.

¡Todo tipo de
cosas pueden
ser residuos!

¿De dónde vienen los residuos?

Algunas veces las personas dejan caer basura mientras caminan. O la dejan donde estaban sentadas.

A mí encantarme
los picnics, ¡pero yo
limpiar cuando termina
el picnic!

Algunas personas arrojan basura desde sus automóviles. Allí no es donde va la basura.

Nosotros siempre tapamos el cesto de basura. ¿No es así, Beto?
¡Sí, es cierto! Eso impide que la basura se vuele y se convierta en residuos y suciedad.

Los residuos son malos para las personas y los animales. Es posible que los animales se coman los residuos que están en el lugar en el que viven.

¡Trabajemos juntos para que los residuos no dañen a los animales!

Limpiar los residuos

Puedes ayudar a que no haya residuos desde el principio.

Siempre debes poner la basura donde va.

Algunos tipos de basura, como las botellas de plástico o el papel, se pueden reciclar. Se los puede transformar en algo nuevo. Coloca esta basura en el cesto de reciclado.

El cesto de reciclado tiene un triángulo formado por flechas.

Ayudas a la Tierra cuando recoges los residuos. Todos podemos ayudar.

Puedes recoger los papeles y envoltorios. Pero deja los residuos con bordes cortantes a los adultos.

Pídele ayuda a un adulto si parece peligroso levantar algo. Si puedes, usa guantes.

Todos podemos ayudar a levantar residuos. Podemos trabajar juntos para mantener limpio nuestro mundo.

¡Es posible que sea pequeña, pero puedo ayudar en grande!
¡Yo soy grande, y también puedo ayudar en pequeñas cosas!

Levantar residuos hace que la Tierra sea un lugar más limpio, más saludable y más hermoso. ¡Un planeta limpio es un hogar mejor para todos!

Me encanta
cuidar a la Tierra.
A Elmo también. Cuidemos
a la Tierra todos juntos.

Todos los días es el Día de la Tierra

El Día de la Tierra es un día especial cada año en el que las personas rinden homenaje a la Tierra. Se celebra el 22 de abril.

Algunas personas lo conmemoran recogiendo residuos.
¡Es una manera magnífica de cuidar a la Tierra!

Una limpieza genial en la escuela

Tú y tus amigos pueden limpiar los residuos de tu escuela.

1. Pregúntale a tu maestra para asegurarte de que se pueda organizar un día de limpieza.
2. Coloca algunos carteles para que todos sepan cuándo va a ser la limpieza. Pídeles ayuda a niños y adultos.
3. Recuerda usar guantes y prestar atención a la seguridad. Pídele ayuda a un adulto con las cosas sobre las que tengas dudas.
4. Coloca todos los residuos en el cesto de basura o en el cesto de reciclado. ¡Después lávate las manos y disfruta de tu escuela limpia y genial!

Glosario

más saludable: más sano

reciclado: un objeto que se puede transformar en algo nuevo

reciclar: transformar en algo nuevo

residuos: basura que se deja en los lugares en los que no van.

Para Benjamin, que hace mi mundo más maravilloso todos los días

Índice

Créditos por las fotografías

Créditos de las imágenes adicionales: grimgram/Getty Images, en todo el libro (basura); vectortatu/Shutterstock.com, en todo el libro (fondo); mauruson/Getty Images, p. 2; TinnaPong/Shutterstock.com, p. 5; AlinaMD/Getty Images, p. 6; Carlos Ciudad Photography/Getty Images, p. 7; Monty Rakusen/Getty Images, p. 8; FrankieMea/Getty Images, p. 9; PinkBadger/Getty Images, p. 10; monkeybusinessimages/Getty Images, p. 11; Chev Wilkinson/Getty Images, p. 12; ozgurcoskun/Getty Images, p. 13; Willyam Bradberry/Shutterstock.com, p. 14; Sasiistock/Getty Images, p. 17; FatCamera/Getty Images, p. 18; SolStock/Getty Images, p. 20; Ariel Skelley/Getty Images, p. 23; fstop123/Getty Images, pp. 24, 29, 30; Lane Oatey/Blue Jean Images/Getty Images, p. 26.
Portada: style_TTT/Shutterstock.com (fondo), mauruson/Getty Images (basura).

Traducción al español: TM and © 2025 Sesame Workshop.
Título original: *Trash That Trash, Elmo and Abby*
Texto: TM and © 2020 Sesame Workshop.
La traducción al español fue realizada por Zab Translation.

Todos los derechos reservados. Protegido por las leyes internacionales de derecho de autor. Se prohíbe la reproducción, el almacenamiento en sistemas de recuperación de información y la transmisión de este libro, ya sea de manera total o parcial, por cualquier medio o procedimiento, ya sea electrónico, mecánico, de fotocopiado, de grabación o de otro tipo, sin la previa autorización por escrito de Lerner Publishing Group, Inc., exceptuando la inclusión de citas breves en una reseña con reconocimiento de la fuente.

ediciones Lerner
Una división de Lerner Publishing Group, Inc.
241 First Avenue North
Mineápolis, MN 55401, EE. UU.

Si desea averiguar acerca de niveles de lectura y para obtener más información, favor consultar este título en www.lernerbooks.com.

Fuente del texto del cuerpo principal: Mikado.
Fuente proporcionada por HVD.

Library of Congress Cataloging-in-Publication Data

Names: Lindeen, Mary, author.
Title: ¡A la basura la basura, Elmo y Abby! / Mary Lindeen.
Other titles: Trash that trash, Elmo and Abby! Spanish
Description: Minneapolis : Ediciones Lerner, [2025] | Series: Cuidemos el ambiente con Sesame Street | Translation of: Trash that trash, Elmo and Abby! | Includes bibliographical references. | Audience: Ages 4–8 | Audience: Grades K–1 | Summary: "Elmo and Abby take on trash in this friendly guide that teaches young readers about how litter impacts earth. Practical tips and a friendly Sesame Street approach encourage readers to take action against litter. How can you be kind to Earth? Now in Spanish! Interior paper made with 30 percent recycled post-consumer waste fibers" – Provided by publisher.
Identifiers: LCCN 2024012873 (print) | LCCN 2024012874 (ebook) | ISBN 9798765643846 (lib. bdg.) | ISBN 9798765661208 (paperback) | ISBN 9798765651506 (epub)
Subjects: LCSH: Litter (Trash)–Juvenile literature. | Refuse and refuse disposal–Juvenile literature.
Classification: LCC TD813.L5618 2025 (print) | LCC TD813 (ebook) | DDC 628.4/4–dc23/eng/20240402

Fabricado en los Estados Unidos de América
1-1010968-52418-5/14/2024